AF482834

Pour la France

et par

la République !

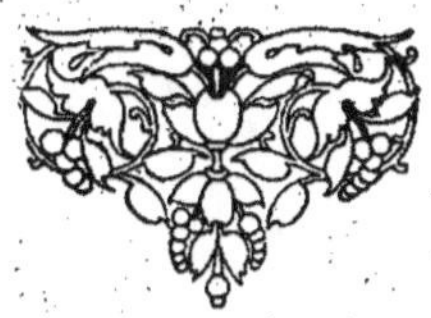

Pour le Comité de *La République Populaire*

54, Avenue Ledru-Rollin, à Paris (12e Arr\t)

PRÉSIDENT,	LE SECRÉTAIRE-GÉNÉRAL.
-A. PÉCHIN.	A. ANDRÉ.

LA LOI MILITAIRE DE TROIS ANS

Pour la France et par la République !

« Si tu me trompes une fois, je suis à plaindre ;
« Si tu me trompes deux fois, je suis à blâmer, je suis
coupable et imbécile ! »
tel est le proverbe arabe que le prince de Talleyrand, — le plus
grand diplomate du siècle dernier, — aimait à rappeler.

De 1865 à 1870, les Prussiens ont reconstitué, à leur profit.
l'Empire d'Allemagne ; ils ont trompé les Français de tous les
partis en les endormant dans une douce tranquillité ; puis, ils
nous ont écrasés dans une guerre injuste, voulue et savamment
préparée par eux.

Si j'ai falsifié la dépêche d'Ems — avoua le prince de Bismarck —
c'est que je ne voulais pas que **ma** guerre m'échappât à la dernière heure,
comme elle m'avait échappé au sujet de la cession du cours du Rhin, de
Lauterbourg à Mayence, puis du Grand-Duché de Luxembourg.

En ce moment et depuis quelques années, les Allemands
essaient encore de nous endormir ; mais ils n'en augmentent pas
moins leurs effectifs de guerre et leurs armements. Les coups de
Tanger et d'Agadir ont été visiblement des prétextes, cherchés
comme il y a 47 ans, les affaires du Rhin et du Luxembourg.
pour nous déclarer la guerre ou nous amener à composition.

La nouvelle loi militaire allemande, votée par le *Reichstag*, va
porter l'effectif mobilisable fixe à 850.000 hommes et elle repose
sur ce triple principe : 1° augmentation des effectifs en temps
de paix ; 2° accélération de la mobilisation ; 3° emploi en temps
de guerre de troupes de réservistes jeunes et pour la plupart
non mariés.

Plusieurs députés ont affirmé à la tribune du Reichstag que
ces armements n'étaient pas dirigés contre la France ; mais ils
ajoutaient aussitôt : « Une entente ne sera possible que si la
France accepte de prendre pour base le rapport des forces fixé
par la paix de Francfort. C'est la base de toute entente franco-
allemande. »

Nous avons déjà entendu des paroles analogues au Reichstag
et au Parlement de la Confédération de l'Allemagne du Nord,
de 1865 à 1870.

De même l'habile diplomatie créée par le prince de Bismarck — et dont le kaiser sait si bien se servir — s'efforce de nous isoler comme elle y avait réussi en 1870. A l'Angleterre, elle accorde des concessions sur le chemin de fer de Bagdad au Golfe Persique et elle essaie de circonvenir la Russie qui, après l'entrevue de Postdam, enleva de la frontière allemande, une bonne partie de ses troupes de couverture.

Une des plus savantes organisations du prince de Bismarck est cette *Officine de Presse* qu'il a créée à Berlin et à Vienne et pour laquelle Guillaume II dépense encore plus de cinq millions de marks par an. Elle a pour but de former l'opinion publique en Europe en faveur de l'Allemagne.

Aujourd'hui, elle lance un mot tendancieux; demain ce sera une phrase et après-demain toute une dépêche. Souvent, pour mieux tromper l'opinion, l'*Officine* lance des démentis à ses propres dépêches et, tous les grands journaux, reproduisent ses informations.

En veut-on, un exemple pris sur le vif ? Depuis quelque temps, il était publié des dépêches tendancieuses qui aboutirent le 9 juin 1913 à celle-ci :

> Cologne, 9 juin 1913. — La *Gazette de Cologne* publie un télégramme de Berlin commentant l'assertion d'un journal étranger, selon laquelle l'Allemagne chercherait certainement à obtenir du gouvernement italien une compensation en échange de l'appui qu'elle a prêté à l'Italie, dans la question des îles de la mer Egée, et cette compensation consisterait sans doute en une autorisation d'établir une station de charbon ou plutôt une base navale sur un point quelconque des possessions italiennes dans la Méditerranée ou bien dans l'île Stampolia.
>
> Il n'y a naturellement pas un mot de vrai dans l'intention que l'on prête ainsi à l'Allemagne, dit le télégramme. On a démenti officiellement, à plusieurs reprises, du côté Allemand, la fable d'après laquelle l'Allemagne s'établirait dans la Méditerranée.

Or, il y a plus de deux ans que la Turquie a donné Alexandrette (de Syrie) à l'Allemagne qui, cependant, dit-elle, ne veut pas s'établir dans la Méditerranée ! La grosse ficelle est en fil blanc !

Nous pourrions citer également une dépêche du 9 juin 1913 concernant la politique du Saint Siège en Albanie. Le kaiser craint, depuis le Congrès eucharistique de Vienne, que le prince héritier d'Autriche-Hongrie, François-Ferdinand, poussé par la papauté, ne songe à rétablir l'hégémonie de l'Autriche dans l'Europe centrale en reconstituant le Saint-Empire avec les Etats catholiques d'Allemagne et la Pologne, et il prend ses dispositions. Son *Officine de Presse* prévient l'opinion publique européenne.

Le rôle de cette *Officine* a été prépondérant pour nous endormir et nous isoler, de 1865 à 1870, et il l'est encore actuellement. *Restons les yeux ouverts.*

Il est curieux comme les événements se reproduisent avec la même analogie à ces deux époques de notre histoire. Ce sont les mêmes procédés employés par l'Allemagne, ce sont les mêmes discussions au Reichstag et au Parlement français.

Nous eûmes même, en 1867, un amendement Carnot qui n'est guère différent du contre-projet Jaurès et, le discours prononcé par Carnot au corps législatif, le 26 décembre 1867, doit être analogue à celui que va prononcer, un de ces prochains jours, le leader de l'extrême-gauche.

Les républicains, et en général les Parlementaires français, ne croyaient pas au danger allemand, en 1867, ni même en 1870, et le Gouvernement, en demandant une nouvelle loi militaire, — le vote de la loi Niel, — ne fut pas écouté.

Si les Parlementaires avaient cru au danger, tous auraient sans doute pensé comme le Révolutionnaire Armand Barbès qui s'écria :

Si ça devait finir par l'invasion, j'aimerais encore mieux vingt ans d'Empire.

En ce moment, la situation se présente malheureusement dans des conditions analogues à celles de 1867 et il ne peut y avoir au Parlement, selon l'expression de M. André Lefèvre, « que deux catégories de Français : ceux qui croient au danger et ceux qui n'y croient pas. »

Je voudrais, ajouta M. André Lefèvre, vous démontrer le danger qu'il y a à s'endormir dans certaines illusions, à se payer de certains mots qui, de nouveau, retentissent douloureusement à nos oreilles *(Applaudissements au centre, à droite et sur divers bancs à gauche. Vives interruptions à l'extrême-gauche.)*

Quant à nous, notre but est de placer sous les yeux du Parlement et du Pays, — et sans parti-pris, — tous les documents concluants, soit au sujet de l'Allemagne, soit au sujet de la France, de 1865 à 1870. Si ces documents établissent irréfutablement que la situation est actuellement la même qu'à cette époque, le danger sera démontré et le Parlement français n'hésitera pas à le conjurer en consentant aux sacrifices nécessaires « pour que la France ne s'en aille pas encore insouciante et rassurée vers des désastres comme ceux de 1870 ».

I

L'Allemagne, de 1865 à 1870.

L'Allemagne contemporaine est surtout l'œuvre de **trois hommes** et d'une force : **l'armée.**

Guillaume Ier avait les sentiments d'un burgrave du Moyen-Age. Adversaire né de toute idée libérale, il n'avait confiance que dans l'armée; il espérait tuer, par l'armée, les aspirations libérales de ses peuples. Il régna en soldat, toujours revêtu de l'uniforme, la poitrine comme soudée à sa cuirasse, tout occupé de revues, de manœuvres, des perfectionnements militaires, cherchant à remettre à la mode, en plein XIXe siècle, les idées, les usages et les institutions du passé.

Il fut, comme tant d'autres souverains, Guillaume *le bien servi.*

Le comte de Moltke, aidé de *Roon*, le ministre de la guerre, et du *Prince Frédéric-Charles*, neveu du roi, reconstitua l'armée prussienne, par la réforme de 1860. Déjà, depuis 1813, avait été appliqué pour la première fois en Prusse ce principe si juste et si fécond que tous les enfants d'une même Patrie doivent au même titre le service militaire.

D'après la loi de 1860, le service obligatoire fut rigoureusement exigé de 20 à 40 ans: 3 ans dans l'*active*, 4 dans la *réserve*, 6 dans la *landwehr*, 8 dans la *landsturm*, ou réserve de l'armée territoriale. Ainsi la Prusse put armer 750.000 hommes sans la *landsturm*.

L'artillerie devint formidable. L'Etat-Major dirigea toutes les manœuvres de l'armée avec une précision scientifique. Le courage personnel du soldat fut remplacé par une obéissance aveugle. L'emploi rationnel des chemins de fer, des télégraphes, un espionnage qui ne reculait devant aucun moyen d'information, la terreur imposée à l'ennemi au moyen des logements de troupes, des réquisitions et des contributions militaires, tels furent les perfectionnements qui firent de l'armée prussienne la première de l'Europe. La mécanique dans la tactique, la méthode rationnelle dans l'occupation progressive du territoire ennemi, en un mot, tous les procédés de la science moderne introduits dans la pratique de la guerre, voilà l'œuvre remarquable de ce stratégiste mathématicien, le comte de Moltke. Il a réussi à faire de l'armée prussienne une formidable machine, admirablement agencée. Ce travailleur silencieux, dont on a dit qu'il savait *se taire en sept langues*, est sorti quelquefois de son mutisme pour dire au Reichstag les mérites et les beautés de la guerre, en formules froides et tranchantes comme l'acier dont l'homme semblait être fait.

L'œuvre du *comte* (depuis *prince*) **de Bismarck**, bien que différente, tendait au même but: dominer par la Prusse, l'Allemagne, et, par l'Allemagne, l'Europe.

Ce ministre, sorte de géant, taillé en Hercule, avec une tête de boule-dogue, aux allures de soudard brutal et volontairement insolent, était doué, en même temps, d'une rare sagacité politique. Actif, énergique, tenace dans ses projets, mais déployant une étonnante souplesse pour se plier aux circonstances et une extrême facilité à changer ses combinaisons pour atteindre à ses fins, il sait aussi bien parler avec la plus rude franchise que dissimuler par les plus brillantes promesses, ses desseins pernicieux. Nul mieux que lui n'a jamais connu les passions des hommes, les intrigues des cours et des cabinets, les mobiles qui peuvent entraîner les peuples. Il affecte en même temps de dédaigner tout préjugé, tout sentimentalisme..

Le ministre qui a proclamé bien haut que « *la force prime le droit* » a bien mérité le surnom de *chancelier de fer*, à cause de l'inflexibilité de sa ligne politique et de sa rudesse pour tous indistinctement, amis comme ennemis. (A. Vast. et R. Jalliffier.)

Le prince de Bismarck sut mieux que tout autre se servir, sans scrupules, de tous les éléments à sa disposition pour atteindre son but. En 1871, il a complètement réussi. L'Empire allemand est composé de 26 Etats ayant chacun son existence propre et son Gouvernement ; mais qui sont placés sous la suprématie de la Prusse plus puissante à elle seule que tous les autres ensemble. L'Empereur seul a le droit de paix et de guerre et la direction de la politique extérieure. L'armée est sous l'autorité directe de l'Empereur. Le service militaire est obligatoire de 18 à 45 ans. Le budget de la guerre est voté pour sept ans.

Comment le prince de Bismarck y a-t-il réussi ? C'est ce que nous allons examiner.

Nous n'insisterons pas sur la guerre des duchés de Slewig-Holstein qui amena l'écrasement du Danemark. L'Autriche-Hongrie fut à son tour vaincue à Sadowa, le 3 juillet 1866, et la Prusse consentit, sur l'intervention de Napoléon III, à signer le traité de Prague le 23 août et à s'arrêter dans sa marche sur Vienne.

L'Autriche admit la dissolution de la *Confédération germanique* et la formation d'une *Confédération de l'Allemagne du Nord* sous l'hégémonie prussienne. Elle consentit aux annexions que la Prusse devait opérer aux dépens des Etats allemands. En somme, elle était éliminée de l'Allemagne.

Aussitôt, la Prusse annexa les trois duchés de l'Elbe : le Hanovre, la Hesse électorale, le duché de Nassau, Francfort. « La Prusse, avait dit jadis Bismarck à Napoléon, manque de ventre du côté de la Hesse ; elle a l'épaule démise du côté du Hanovre... » Tout cela était réparé et sa population s'élevait de 19 millions d'habitants à 23 millions 1/2. Puis, une *Confédération du Nord* était formée, comprenant les 22 Etats au Nord de la Bohême et du Mein, sous la présidence héréditaire du roi de Prusse, avec une organisation que nous retrouverons bientôt dans celle de l'Empire allemand de 1871.

Quant aux *Etats du Sud :* Bavière, Wurtemberg, Bade, partie sud de la Hesse-Darmstadt, ils restaient en apparence indépendants. Mais avant même d'avoir signé le traité de Prague, Bismarck les avait liés à la Prusse par des traités secrets qui mettaient leurs armées sous la direction prussienne.

Le secret, d'ailleurs, ne fut pas longtemps gardé. Au mois de mars 1867, un membre du corps législatif ayant voulu démontrer que l'Europe n'avait pas à redouter l'unité allemande, — car l'Allemagne était divisée en *trois tronçons*, le ministre prussien répondit à cette fanfaronnade par un défi : il fit publier les traités secrets.

Du reste, les membres du Corps législatif n'auraient eu qu'à suivre attentivement le *Moniteur, journal officiel de l'Empire,* pour être fixés.

Ils y auraient vu que « *la Confédération germanique du Nord* » s'était unie à « *la Confédération du Sud* » pour mettre à la disposition du « *chef de guerre* », — le roi de Prusse, — une armée de 1.384.000 soldats.

Dans le *Moniteur* du 23 décembre 1866, par exemple, on lit :

> Berlin, le 18 décembre 1866. — La Chambre a tenu séance aujourd'hui. D'accord avec le gouvernement, la Chambre a décidé qu'il serait prélevé, sur le montant des indemnités de guerre, une somme de 4 millions 1/2 de thalers destinés à figurer dans les recettes de l'exercice et qui représente le crédit extraordinaire alloué pour les dépenses de la transformation de l'Allemagne du Nord. Le procédé de discussion adopté cette fois a considérablement diminué la longueur des débats, et M. le Président du Conseil a témoigné la satisfaction qu'il éprouvait de voir la Chambre voter le budget de 1867 avant le commencement de l'exercice. C'est peut-être la première fois que pareil fait arrive !...
>
> ... M. le comte de Bismarck est entré en quelques explications sur l'emploi des sommes payées au trésor prussien à titre d'indemnité de guerre. Le total s'en élève à plus de 55 millions de thalers, aujourd'hui intégralement acquittés, sur lesquels il a été affecté un million 1/2 de thalers aux récompenses pécuniaires destinées aux chefs militaires, 27 millions 1/2 à couvrir les besoins financiers et militaires de l'année courante, 4 millions 1/2 pour l'acquisition, en 1867, de bâtiments cuirassés.
>
> ... Les conférences pour l'élaboration du nouveau pacte fédéral entre les Etats de l'Allemagne du Nord se sont ouvertes le 15. Le gouvernement a fait connaître, à plusieurs reprises, l'intérêt qu'il prend à ce travail. On s'est occupé, dans les premières séances, de réunir les données nécessaires pour fixer, d'après le chiffre de la population, le matricule des contingents de chaque Etat. La population totale de l'Allemagne du Nord s'élevant à 29 millions 1/2 d'habitants, si l'on prend 1 0/0 pour l'armée active, ainsi que l'avait fixé l'ancienne diette de Francfort, on aura, pour l'Allemagne du Nord, un chiffre de 295.000 combattants toujours prêts, placés sous le haut commandement du roi de Prusse et lui prêtant le serment militaire, ainsi que le fait depuis 1860 le bataillon du duché de Saxe-Cobourg-Gotha. Le roi de Prusse aura en outre le droit d'exiger que les contingents placés sous ses ordres aient **un effectif complet,** exigence tombée en désuétude sous l'ancienne constitution militaire fédérale. Une autre prérogative du commandement que le roi s'est réservée dans les traités qu'il a signés au mois d'août dernier consiste *dans le droit d'envoyer les troupes de ses alliés tenir garnison partout où bon lui semblera sur le territoire de la Confédération du Nord.*

C'est ce qui lui permit de concentrer ses troupes sur les bords du Rhin quand il le jugea utile.

> Enfin, il y a à s'occuper du recrutement de la marine de guerre. *Le tout doit être voté avant la fin du mois prochain.*

C'est pendant ces conférences que le comte de Bismarck prononça ces paroles d'un autoritarisme cassant que le Corps législatif n'aurait jamais acceptées, même de la part de l'Empereur :

> Il y a un point sur lequel je ne permets que l'action et non la délibération, dit-il, en présentant l'exposé sommaire des motifs de la Constitution, c'est celui qui touche à l'organisation militaire.
>
> Il est indispensable que la direction souveraine en soit placée entre les mains de la Prusse. Votez donc le budget militaire pour sept ans. Je ne vous demande qu'une chose, c'est de mettre l'Allemagne en selle. Quant à moi, je me charge de la faire marcher.

Dans le « *Moniteur* » du 9 janvier 1867 on lit dans le même ordre d'idées :

De Berlin, on écrit à la *Gazette Rhénane:* On assure que M. de Bismarck a recommandé aux plénipotentiaires chargés d'arrêter le projet de constitution de la *Confédération du Nord*, de se hâter le plus possible, parce que la grande œuvre constitutionnelle ne pouvait être avancée **par de longs discours, mais par de courtes résolutions.** Les membres de la Conférence pourront quitter Berlin dans une quinzaine de jours.

Et M. de Bismack ne permettait pas que la Presse discutât ses projets et les fit connaître à l'étranger. Nous en trouvons la preuve dans le *Moniteur* du 9 février 1867 :

Berlin, 5 février. — Le Dr Paur a présenté aux Chambres une motion tendant à assurer à la presse, pour les comptes rendus des séances publiques du futur parlement du Nord, l'inviolabilité dont elle jouit par rapport aux débats des Chambres prussiennes.

M. le comte de Bismarck s'y est opposé :

Le gouvernement, a-t-il dit, s'est empressé de faire tout ce qu'on a exigé de lui pour assurer la liberté de discussion au sein du Parlement de la Confédération du Nord. Il ne saurait user de la même indulgence en ce qui touche les comptes rendus de la presse. Les journaux s'adressent à un public beaucoup plus nombreux et beaucoup moins éclairé que celui qui écoute les discours qu'ils sont censés reproduire, et, d'ailleurs, les paroles prononcées à la tribune *trouvent un correctif à la tribune même.* Cela n'est pas le cas pour les gazettes. La multitude n'en lit en général qu'une seule, laquelle s'attache principalement à faire ressortir les incidents parlementaires qui sont à l'avantage de ses opinions. Le gouvernement ne redoute pas précisément ces comptes rendus, mais il demande que le soleil et la poussière soient partagés également entre lui et ses adversaires, et il considère comme indispensable de pouvoir redresser, par l'organe des tribunaux, les écarts dont la presse se rend coupable en rapportant les séances du Parlement.

M. de Bernuth, ancien ministre de la justice, objecte au Président du Conseil, que l'inviolabilité réclamée est garantie par la Charte prussienne et qu'une saine logique demande qu'on se montre aussi large quand il s'agit des assemblées de la Confédération du Nord.

M. de Bismarck réplique :

Que si ce privilège n'existait pas dans la Constitution prussienne, il s'opposerait à ce que l'on y introduisît, et qu'il proteste aujourd'hui contre son extension. Il ne peut admettre *qu'un député plaidant en faveur des intérêts* **d'un pays étranger** *puisse avec impunité répandre son discours en milliers d'exemplaires.*

C'est la théorie du bâillonnement de la Presse, selon le bon plaisir du gouvernement !

MM. de Senfft Pilsach et de Meding ont appuyé le président du Conseil, M. de Kleist, rapporteur, **s'est cru obligé d'excuser la Commission,** rejetant la faute de son rapport libéral sur le silence que les commissaires du gouvernement avaient gardé.

Au moment du vote, à peine dix voix se sont prononcées dans le sens de M. de Bernuth.

C'était, en quelque sorte, le Parlement prussien adressant d'humbles excuses au comte de Bismarck pour ne *l'avoir pas compris.*

A côté des morceaux de résistance, les Parlementaires français auraient pu trouver dans le « *Moniteur* » des nouvelles plus courtes mais non moins inquiétantes.

Dans le « *Moniteur* » du 9 janvier 1867, par exemple, ils auraient lu :

On écrit de Berlin au *Journal de Francfort*: 22 bataillons de landwehr vont être créés dans les provinces annexées, ainsi qu'il suit: duchés de l'Elbe, 5 ; Hanovre, 10 ; Nassau, 2 ; Francfort, 1 ; Hesse électorale, 4.

Dans le *Moniteur* du 1er février 1867, ils auraient trouvé cette dépêche :

Dans sa séance d'hier, la Chambre des députés de Prusse a adopté un projet de loi relatif à un emprunt de 24 millions de thalers pour l'établissement de nouvelles voies ferrées.

M. de Bismarck, en effet, prévoyait tout pour une mobilisation rapide.

Dans le « *Moniteur* » du 29 décembre 1866, on en a la preuve convaincante :

Berlin, 20 décembre 1866. — Le projet de Constitution pour la *Confédération du Nord* contient, relativement au commerce et à la navigation, les dispositions dont on peut déjà envisager les résultats au point de vue des intérêts économiques.

Toutes les stipulations qui se rapportent au régime douanier et commercial, à l'exploitation des chemins de fer, aux Postes et aux Télégraphes, sont conçues dans la pensée de conférer au gouvernement prussien *la haute direction de ces services et de les unifier*. Ces Etats confédérés forment un territoire douanier unitaire.

Une des dispositions les plus importantes est celle qui constitue **une caisse fédérale** dans laquelle devront être versés **tous les revenus** provenant des droits de douanes, des impôts de consommation, des postes et télégraphes, déduction faite des frais d'administration et des remboursements prévus par les lois. **Cette caisse fédérale doit servir à subvenir aux frais de la guerre, de la marine et du service consulaire.**

En ce qui concerne les chemins de fer, la confédération s'attribue une **autorité presque dictatoriale** (en vue de la mobilisation), sur leur exploitation. Tous les gouvernements devront s'engager à organiser et à administrer, d'après un plan uniforme, les voies ferrées qui sillonnent leur territoire comme si elles constituaient un seul réseau. Il sera publié, à cet effet, des règlements obligatoires pour tous les Etats. La Confédération, qui se réserve de construire les lignes qu'elles jugera nécessaires à la **défense commune** ou au bien-être général, aura même le droit de contrôler les tarifs, de les uniformiser et de les abaisser.

Une clause particulière met les voies ferrées, les postes et télégraphes **en cas de guerre à la disposition des autorités militaires,** moyennant un tarif à prix réduit.

... Enfin la pensée qui préside à la nouvelle organisation s'applique également au service consulaire qui viendra remplacer, par une représentation unique, la multiplicité des consulats allemands fonctionnant aujourd'hui en pays étranger.

Si les membres du Corps législatif avaient suivi pas à pas le développement de cette formidable machine de guerre que le comte de Bismarck organisait savamment et sans répit, il est à croire qu'ils auraient compris le danger allemand et voté la loi militaire préparée par le maréchal Niel.

Voyons maintenant comment l'*Allemagne du Sud* se joignait à l'Allemagne du Nord et se mettait entre les mains du roi de Prusse et du comte de Bismarck.

Dans le « *Moniteur* » du 6 février 1867, nous lisons :

On écrit de Munich que le prince de Hohenlohe-Schillingfürst, président du conseil des ministre et ministre des affaires étrangères de Bavière, est parti le 4 de ce mois pour aller prendre part à Stuttgard aux importantes conférences relatives à la réorganisation des forces militaires de l'Allemagne du Sud. Il est accompagné du baron de Prankh, ministre de la guerre, et du comte de **Tauffkirchen**, fonctionnaire important du ministère des affaires étrangères.

Le « *Moniteur* » du 10 février est des plus précis à ce sujet :

On écrit de Stuttgard le 4 février :

Les conférences des plénipotentiaires des quatre Etats de l'Allemagne du Sud : royaumes de Bavière, de Wurtemberg, grand duché de Bade. grand duché de Hesse-Darmstadt, ont confirmé, au sujet de l'organisation militaire, les décisions prises par les Chambres de Bavière à Munich.

Le prince de Hohenlohe a déclaré qu'il était nécessaire de s'allier avec la puissance *qui représente le mieux les tendances allemandes*, c'est-à-dire la **Prusse**, et il s'est étendu sur les conditions de la réforme militaire. Ce projet de réorganisation militaire, élaboré par le gouvernement bavarois et accepté à Stuttgard, pose en principe *l'obligation du service militaire pour tous les sujets bavarois*.

Le nombre des jeunes gens en état de porter les armes qui atteignent la 20e année est en moyenne de 24 à 25.000 hommes. Jusqu'ici, on incorporait environ 12.000 hommes, et 4.000 hommes étaient laissés sans armes bien que portés sur les cadres. L'armée serait organisée de façon à présenter en temps de paix un effectif d'au moins 72.000 hommes. La durée du service actif serait portée à 6 années dont 3 dans la réserve. Puis viendraient 5 années dans la légion ou landwehr du 1er ban, susceptible d'être appelée à la première mobilisation et enfin 5 années dans la landwehr du 2e ban. De même qu'en Prusse. les jeunes gens instruits ne seraient astreints qu'à un an de service.

Les Etats de la Confédération de l'Allemagne du Sud ont ainsi déterminé l'effectif de leurs armées :

Royaume de Wurtemberg	384.000	hommes pour 5 millions d'habitants.
Royaume de Bavière....	160.000	(C'est le roi de Wurtemberg qui le
Grand duché de Bade...	60.000	proposa lui-même.)
Grand duché de Hesse Darmstadt	30.000	
Total	634.000	
Si on y ajoute les	750.000	h. de la Prusse et de l'Allemagne du
Nord on obtient un		
Total de.......	1.384.000	hommes.

Voilà comment le comte de Bismarck préparait l'organisation d'un Empire basé sur la force, ayant à son service une armée capable de briser toutes les résistances, de bouleverser l'Europe.

Comme il est facile de comprendre le véhément appel que Rouher adressait au Corps législatif, à la séance du 27 décembre 1867, en présence de ce danger menaçant que les Parlementaires français ne voulaient pas admettre.

M. Rouher, ministre d'Etat. — Sur cette masse armée de 229.000 hommes, il y en avait donc 122.700 qui n'ont pas pris part à la bataille de Solférino, laquelle a été livrée à l'aide de 107.000 combattants.

Voilà les défalcations nécessaires, inévitables, que subissent les grandes armées au jour où elles sont devant l'ennemi, et, à l'appui de ces affirmations, s'il me fallait invoquer une autorité, je la demanderais à l'honorable M. Thiers lui-même qui, dans ses remarquables travaux historiques a souvent signalé les illusions que peuvent se faire les hommes étrangers à la science de la guerre ou les généraux inexpérimentés sur le nombre d'hommes qu'il est possible de mettre en ligne un jour de bataille.

M. Léopold Javal. — Ces effectifs-là, c'est la ruine de l'Europe!

M. Rouher. — L'honorable M. Javal croit devoir m'interrompre et me dire que de pareils effectifs sont la ruine de l'Europe. Je désire autant que lui l'heure possible du désarmement; mais je ne crois pas qu'un homme sérieux puisse jamais conseiller à la France de se présenter la poitrine découverte et sans armes aux agresseurs qui oseraient la provoquer.

Il ne faut pas se livrer, sur ce sujet, à des considérations de sensibilité. Oui, l'économie politique! Oui, la philosophie! Oui, l'humanité! peuvent conseiller la réduction des armées, le désarmement de l'Europe, la paix indéfinie; nul n'en est plus partisan que moi, mais quelles que soient mes convictions à cet égard, quels que soient mes désirs, je n'engagerai jamais mon pays à désarmer, à s'enlever les ressources militaires nécessaires pour résister à une attaque ou à une atteinte portée à nos intérêts et à notre honneur.

Que ceux qui auraient le courage de soutenir une pareille proposition viennent la porter à cette tribune, et je suis convaincu que la Chambre et la nation tout entière les désapprouveraient.

La Confédération du Nord s'est constituée; elle a voté sa loi militaire, il y a deux mois à peine, à la fin d'octobre 1867..... Quel est l'effectif produit par cette organisation militaire, par cette loi qui a été votée dans la *Confédération du Nord* en 48 heures? L'effectif est de 1.300.000 hommes, et je ne parle pas ici des traités d'alliance offensive et défensive qui ont pu être faits avec tel ou tel Etat de l'Allemagne...

Mais, nous le répétons, les membres du Corps législatif ne croyaient pas au danger allemand; nous allons malheureusement le constater par tous les documents que nous examinerons.

II

La loi militaire en France. — Loi Niel (1866-1868).

On lit dans le *Moniteur universel, Journal officiel de l'Empire français*, du mercredi 12 décembre 1866 :

Paris, 11 décembre 1866. — *Projet sur l'organisation de l'armée.* — La commission présidée par l'Empereur vient de terminer ses travaux. Le projet de réorganisation de l'armée va être envoyé au Conseil d'Etat...

... Il se fonde sur cette considération que, pour conserver son rang en Europe, la France doit pouvoir mettre sur pied une armée de 800.000 hommes...

... Le problème à résoudre était des plus compliqués. Il s'agissait, en effet, tout en conservant une organisation militaire qui a fait ses preuves, d'aviser au moyen, dans les circonstances graves, d'augmenter d'hommes exercés nos effectifs, sans cependant obérer les finances de l'Etat ni imposer une trop lourde charge aux populations. En même temps, tout en proclamant comme un principe d'égalité et de justice, l'*obligation pour chacun de défendre la Patrie en cas de guerre,* il importait de ne pas heurter brusquement les mœurs établies et de ne pas détourner en temps de paix la vocation des jeunes gens qui se destinent aux carrières libérales...

... En supposant que sur les 326.000 Français qui, tous les ans, atteignent l'âge de 20 ans, on prenne les 160.000 plus solides, on aura 80.000 hommes pour l'armée active et autant pour la réserve. Défalcation faite des exemptions légales, des pertes ordinaires, des déchets de toute sorte, chaque classe, au bout de six années, donnera les résultats suivants :

Armée active	417.488	soldats
Réserve du 1er ban	212.373	—
— du 2e —	212.373	—
Garde nationale mobile	389.986	—
Total	1.232.215	soldats

En résumé, le nouveau projet d'organisation n'est pas une loi accidentelle, variable suivant les circonstances et la mobilité de l'opinion publique. C'est une institution, qui organise d'une manière permanente les forces nationales. Il diminue d'une année le temps du service. Il facilite les mariages. Il conserve à l'armée son excellente organisation actuelle ; il donne à la France 1.200.000 soldats exercés et n'augmente que faiblement les charges du budget. Il discipline la nation entière en l'organisant bien plus dans une vue de défense que dans un but d'agression, **et la rend capable de défier toute invasion.** Il relève l'esprit militaire sans nuire aux vocations libérales. Il consacre enfin ce grand principe d'égalité que tous doivent le service en temps de guerre et n'abandonne plus, à une seule partie du peuple, le devoir sacré de défendre la patrie.

Nous trouvons, d'autre part, dans le *Moniteur* du 20 décembre 1866 le projet de budget où nous relevons ce qui suit :

Paris, le 19 décembre 1866. — **Rapport à l'Empereur.**

Sire...,

.   .   .   .

Exercice 1866.

L'année 1866 a vu s'accomplir de graves événements. Dès les premiers mois, les affaires d'Allemagne avaient fait naître de vives inquiétudes. Une guerre formidable ne tarda pas à éclater, et quoique la rapidité avec laquelle elle a été conduite, la prompte conclusion de la paix, la fermeté et la modération du Gouvernement de Votre Majesté fussent de nature à rassurer les esprits, une certaine préoccupation a persisté dans le pays... Le revenu public n'a pas, cependant, cessé de s'accroître...

... Les excédents de recettes sur les dépenses, sagement préparés seront, je l'espère, assez considérables en 1868, pour permettre à Votre Majesté de réaliser le programme qu'Elle s'est tracé depuis longtemps et qu'Elle a hâte d'accomplir :

Réduction des charges qui pèsent sur les contribuables ;

Augmentation des ressources consacrées à l'Instruction publique ;

Impulsion plus énergique encore imprimée à tous les travaux d'utilité générale qui doivent être exécutés sur le territoire de l'Empire.

Votre Majesté trouve également dans ces excédents le moyen de pourvoir aux dépenses de la réorganisation de l'armée. Quelques préoccupations se sont produites à l'occasion de cette nouvelle organisation ; mais elles ne tarderont pas à se dissiper, lorsqu'on aura acquis la certitude que ces changements sont inspirés par la nécessité *de mettre les forces de la France en rapport avec la situation qu'elle occupe en Europe et avec le développement des institutions militaires des autres Etats.* Loin d'y trouver un sujet d'inquiétude, le pays verra, dans la consolidation de sa puissance militaire, un gage nouveau de sécurité et de paix pour l'avenir...

Le Ministre des Finances,
Signé: Achille FOULD.

Ainsi l'empereur Napoléon III et ses ministres avaient compris le danger ; ils avaient accepté le projet de loi militaire du maréchal Niel et le Ministre des Finances, Achille Fould, affirmait que « les excédents de recettes » donneraient le moyen de pourvoir aux dépenses de la réorganisation de l'armée.

Mais le Parlement ne croyait pas au danger et il voulait surtout gagner les faveurs du peuple en faisant de la surenchère et en poussant Napoléon III vers les réformes libérales. Ses seules préoccupations étaient d'ordre politique ; peu importait donc la réorganisation militaire de l'Allemagne.

L'Empereur lui-même est entraîné vers les préoccupations politiques qui l'absorbent, car on multiplie les difficultés sous ses pas.

Le 17 janvier 1867, il reconnaît le droit d'interpellation au Gouvernement sur la demande de cinq membres du Sénat ou du Corps Législatif. On en profite dès le 19 janvier et une interpellation amène la démission du Cabinet sauf celle de Rouher. Le 20 janvier, le maréchal Niel est nommé ministre de la guerre et on a l'impression qu'il va faire voter son projet de loi militaire.

La session législative doit s'ouvrir le 14 février 1867 et dès le 8 du même mois le *Moniteur* publie un *Décret portant règle-*

ment des rapports du Conseil d'Etat, du Sénat et du Corps Législatif avec l'Empereur. C'est l'organisation de ce que l'on a appelé *l'Empire libéral.*

Dans le *Moniteur* du 15 février 1867 on trouve le discours du trône prononcé par l'empereur Napoléon III la veille. Nous y relevons les passages suivants :

Nous avons assisté avec impartialité à la lutte qui s'est engagée de l'autre côté du Rhin. En présence de ce conflit, le pays avait hautement témoigné son désir d'y rester étranger; non seulement j'ai déféré à ce vœu, mais j'ai fait tous mes efforts pour hâter la conclusion de la paix...

Je n'ai pas armé un soldat de plus, je n'ai pas fait avancer un régiment et, cependant, la voix de la France a eu assez d'influence pour arrêter le vainqueur aux portes de Vienne!

Notre médiation a amené entre les belligérants un accord qui, laissant à la Prusse le résultat de ses succès, a conservé à l'Autriche, sauf une province, l'intégralité de son territoire, et, par la cession de la Vénitie, a complété l'indépendance italienne...

... La France est respectée au dehors, l'armée a montré sa valeur, mais les conditions de la guerre étant changées, elles exigent l'augmentation de nos forces défensives et nous devons nous organiser de manière à être invulnérables. Le projet de loi qui a été étudié avec le plus grand soin allège le fardeau de la circonscription en temps de paix, offre des ressources considérables en temps de guerre, et, répartissant, dans une juste mesure, les charges entre tous, satisfait au principe d'égalité; il a toute l'importance d'une institution et sera, j'en suis convaincu, accepté avec patriotisme. L'influence d'une nation dépend du nombre d'hommes qu'elle peut mettre sous les armes. N'oubliez pas que les Etats voisins s'imposent de bien lourds sacrifices pour la bonne constitution de leurs armées, et ont les yeux fixés sur vous pour juger, par vos résolutions, si l'influence de la France doit s'accroître ou diminuer dans le Monde.

Tenons toujours à la même hauteur notre drapeau national; c'est le moyen le plus certain de conserver la paix et, cette paix, il faut la rendre féconde en allégeant les misères et en augmentant le bien-être général.

Aussitôt, l'*Officine de Presse* à la solde du comte de Bismarck entra en scène. Pour endormir l'Empereur et la France, les journaux allemands commentèrent le discours du trône et flattèrent Napoléon III.

Le 15 février, c'est la *Gazette de Cologne* qui publie ce qui suit :

L'Empereur s'est borné à nous dire: « Je vous conseille de ne pas prendre Vienne car, dans ce cas, vu les dispositions de la nation française, je ne saurais répondre de rien. Il est vrai, ajouterons-nous, que la prompte conclusion de la paix s'est faite par son intermédiaire. C'est pourquoi tous les partis lui en doivent être reconnaissants.

De son côté, la *Gazette de la Bourse* publiait, à Berlin :

La phrase où il est dit que la voix de la France eut assez d'influence pour arrêter le vainqueur aux portes de Vienne est, il est vrai, très fière, mais il faudrait que nous fussions bien susceptibles pour en être piqués. Le fait est exact.

Sur le discours de l'Empereur. *Le Publiciste* dit :

J'ai toujours considéré comme avantageux pour la Prusse de se mettre d'accord avec la France sur les grandes questions européennes. Dans son ensemble, le discours impérial me paraît un gage de paix offert à l'Europe.

Même note dans la *Gazette de l'Allemagne du Nord :*

Le discours de l'Empereur, dit-elle, causera une grande satisfaction aux amis de la paix et de progrès pacifiques. Ce discours enlève tout prétexte à de nouvelles attaques de la part des partis qui obéissent à des tendances subversives.

Du reste, toute la presse allemande appréciait, dans le même esprit, le discours du trône et la presse anglaise était avec elle à l'unisson.

Le *Morning Post,* par exemple, publiait :-

Nous reconnaissons avec sincérité la sagesse remarquable de jugement dont l'Empereur Napoléon III a fait preuve en traitant des questions d'importance pour l'Europe entière, en juillet 1866, au moment de la conclusion de l'armistice, et nous sommes persuadés que, dans les difficultés présentes, il pèsera sur la balance de manière à assurer les bases d'une paix honorable et solide.

Bismarck flattait Napoléon III et la France, car il n'était pas encore prêt. De plus, il sentait que l'Europe serait contre lui s'il troublait la fête que Napoléon donnait alors à l'Europe : l'exposition de 1867. Il vint même à Paris avec le roi Guillaume. L'homme d'Etat prussien, auquel rien n'échappait, put voir bien des choses utiles, pendant que la foule admirait, avec un étonnement enfantin, les beaux canons exposés par la maison Krupp au Champ de Mars. En même temps, il sut convaincre tous ceux qui l'approchèrent de ses intentions pacifiques, lui qui, cependant, avait récemment prononcé ces paroles dignes d'une époque barbare : « *C'est par le fer et le sang et non par les discours que les Etats grandissent.* »

Les manœuvres savantes du comte de Bismarck circonvinrent facilement les Parlementaires ; cependant, au début, ils avaient poussé l'Empereur à préparer une nouvelle loi militaire.

Je comprends très bien, disait Jules Favre, comment, après la bataille de Sadowa, après l'attitude de M. de Bismarck, l'Empereur a été le premier à pousser un cri d'alarme qui a retenti profondément dans le cœur de la nation tout entière. Il a, en effet, annoncé, par une note insérée au *Moniteur,* qu'en présence des événements qui venaient de s'accomplir, il était indispensable que la France remaniât son organisation militaire.

Et Jules Favre continuait ainsi :

Il ne suffit pas d'imiter la Prusse, il faut lui être supérieur !

Aussi l'Empereur agit-il rapidement. Il nomma une commission d'hommes éminents ayant à leur tête le maréchal Niel. Le 14 décembre 1866 parut au *Moniteur* le texte du projet et le 15 décembre il fut envoyé au *Conseil d'Etat.* Le 14 février 1867, il était soumis au Corps Législatif. Dès lors, il suscita les plus violentes critiques de la part de l'opposition.

Emu de l'hostilité que rencontrait le projet, l'Empereur le fit étudier de nouveau et y indiqua quelques modifications. Le nouveau projet de loi modifiait ainsi les effectifs :

Armée active............	400.000 hommes.
Réserve	350.000 hommes.
Garde mobile...........	350.000 hommes.
Total..........	1.100.000 hommes.

Dans l'exposé des motifs qui se trouve dans le *Moniteur* du
8 mars 1867, on lit :

Un pays ne manque jamais d'hommes pour résister à une invasion ou
soutenir une grande guerre, mais il manque souvent de soldats (Napoléon Ier).

Ce n'est pas, en effet, avec des levées improvisées, avec des masses
pleines d'enthousiasme, peut-être comme aux époques de révolutions, mais
tumultueuses et indisciplinées, que l'on organise des armées sérieuses.

Ce qu'il faut pour y parvenir, ce sont des hommes exercés, déjà façon-
nés à la discipline et capables de supporter les fatigues et les péripéties
d'une longue guerre ; c'est une armée prête à entrer en ligne, car les
mouvements de troupes et de matériel se font aujourd'hui avec une telle
rapidité, que le succès d'une campagne peut dépendre beaucoup de la
priorité de l'armée sur le champ de bataille.

Le Gouvernement attendit quelques jours avant de demander
la mise à l'ordre du jour de ce projet ; mais l'opposition l'inter-
pella immédiatement sur la politique extérieure et attaqua
vivement le projet de loi militaire.

C'est *Garnier-Pagès* qui, le premier, traita la question à la
séance du 15 mars 1867. Après avoir défini les deux influences
que peut exercer un pays : l'une morale et par les idées ;
l'autre matérielle et par les armes, il s'écria :

Messieurs, je crains, je le dirai franchement, qu'entre ces deux influences,
le Gouvernement ne donne la préférence à celle qui s'exerce par la force,
par les armes.

Voici la phrase que je trouve dans le discours de la couronne et qui
m'inspire des inquiétudes: « L'influence d'une Nation dépend du nombre
d'hommes qu'elle peut mettre sous les armes. » .

Eh bien, moi, j'ai une opinion toute contraire: « L'influence d'une
nation dépend surtout de ses institutions et de ses principes. »

L'Allemagne est-elle plus forte et plus puissante aujourd'hui qu'elle
ne l'était au temps de la Confédération germanique? Pour ma part, je
l'avoue, je crois que M. de Bismarck a entrepris une chose impossible. Il
a entrepris une chose qu'il ne réalisera pas, qu'il ne peut pas réaliser.

Lorsqu'il a voulu imposer par la force, les armes à la main, lorsqu'il
a cru réussir, par le bon plaisir, croyez-moi, il **n'a rien fondé de durable,
rien qui puisse nous inquiéter.**

Vous présentez devant l'Assemblée un système qui a pour objet de récla-
mer une armée d'un million d'hommes au moment où vous protestez de
vos intentions bonnes et pacifiques. N'y a-t-il pas là une contradiction
évidente?...

Ce que vous demandez c'est un système agressif, c'est la faculté de
conquérir des frontières, c'est la faculté de vous emparer de la Belgique...

Pourquoi les peuples se feraient-ils la guerre aujourd'hui? Qu'est-ce qui
les divise? N'ont-ils pas le même programme pour leurs intérêts moraux?
Pourquoi donc les peuples qui ont les mêmes intérêts moraux et matériels
seraient-ils adversaires? Non! Ce n'est pas possible!

Il n'était guère possible d'être plus mauvais prophète et de se
tromper plus lourdement !

A la séance du 19 mars 1867, c'est Jules Favre qui critique
ainsi le projet :

Si la Prusse avait dessein de nous causer un dommage, elle y a malheureusement réussi, et nous ne pouvions pas plus cruellement sentir l'atteinte de la victoire de Sadowa qu'en nous mettant dans cette nécessité
proclamée impérieuse, de remonter le courant des idées modernes pour
aller chercher, dans je ne sais quelles traditions abandonnées du passé,
une organisation complètement incompatible avec le génie actuel de la
France!

Quoi! c'est après avoir proclamé que l'Empire c'était la paix, c'est

après les guerres que vous savez, qu'on vient de décréter que la France
tout entière sera disciplinée, qu'au lieu d'un atelier, elle ne sera plus
qu'une caserne!... L'idée d'une armée nombreuse pendant la paix, d'une
France encasernée nous répugne !

Le 22 mars 1867, une Commission de 18 membres fut nommée
et M. Gressier en fut le rapporteur. Elle fonctionna jusqu'au
mois de juin et c'est le 8 juin que lecture fut donnée de son
rapport.

Elle n'avait modifié le projet que sur un point : le contingent,
d'après elle, ne devait pas être fixé par une loi de finances, mais
par une loi spéciale et annuelle du Corps Législatif. La Commission croyait ainsi calmer l'opposition ; mais elle n'y réussit
pas. L'opposition attaquait violemment la loi pour des considérations d'ordre purement politique et c'est pour cela qu'elle
porte devant l'histoire une lourde responsabilité. Ce qu'elle
craignait surtout, c'était de fortifier le pouvoir impérial !

Le nouveau projet ne devait venir en discussion qu'à la prochaine session législative ; mais avant leur séparation, quelques
députés voulurent affirmer à la tribune qu'ils ne l'acceptaient
pas.

A la séance du 21 juin 1867, Jules Simon dit au nom de ses
amis :

La loi militaire est une loi que nous voudrions n'avoir pas vu présenter.
Nous regrettons qu'elle l'ait été; si on la retirait, nous serions heureux de
la voir disparaître.

Ou nous sommes menacés d'une guerre, ou nous sommes en pleine paix.
Si, comme je veux l'espérer, nous ne sommes pas menacés d'une guerre,
il ne faut pas faire une loi qui pose en principe un armement de 800.000
hommes.

J'ajoute sur-le-champ, pour mes amis et pour moi, que nous n'avons ni
désiré ni aimé cette loi, et que si l'ajournement devait en être indéfini,
s'il devait équivaloir à un retrait absolu, nous serions bien loin de nous
en plaindre !

Je ne dirai pas la même chose pour le projet de loi concernant le droit
de réunion... Nous devons encore discuter immédiatement la loi sur la
presse **et voter le budget.**

On croirait entendre vraiment un leader de l'opposition à la
loi militaire actuellement en discussion !

Il y avait aussi l'Exposition universelle qui réunissait à Paris
une brillante pléiade de souverains et de ministres auxquels il
ne fallait pas donner l'attristant spectacle de nos divisions
intérieures ! Bref, l'Empereur retira le projet et en fit préparer
un autre qu'il croyait plus acceptable par le Corps Législatif.

Dans son discours d'ouverture de la session législative de
novembre, il insista avec émotion sur la nécessité d'une réorganisation militaire, car il pressentait le danger :

C'est un devoir impérieux pour les gouvernements, dit-il, de poursuivre,
indépendamment des circonstances, le progrès dans tous les éléments qui
font la force du pays, et c'est pour nous une nécessité de perfectionner
notre organisation militaire, comme nos armes et notre marine.

Le projet de loi présenté au Corps législatif *répartissait entre tous les
citoyens les charges du recrutement.*

Ce système a paru trop absolu, des transactions sont venues en atténuer
la portée. Dès lors, j'ai cru devoir soumettre cette haute question à de
nouvelles études.

Mon Gouvernement vous proposera des *dispositions nouvelles qui ne sont que* de simples modifications à la loi de 1832.

Vous les examinerez, ainsi que l'organisation de la garde nationale mobile, sous l'impression de cette pensée patriotique que plus nous serons forts, plus la paix sera assurée.

Si l'Empereur s'était résigné à ne demander que des modifications tout à fait insuffisantes à la loi militaire de 1832, c'est que l'opposition grandissait dans le pays contre toute augmentation des effectifs et des armements. Les *cinq* étaient devenus les *43* au Corps Législatif et ce groupe parlementaire ne cessait *d'attaquer* « les folies conquérantes de l'Empire ». Toute la presse combattive les soutenait. Le *Gaulois*, l'*Univers*, l'*Opinion nationale*, le *Journal de Paris*, le *National*, la *Liberté*, etc., ne cessaient de crier contre le « Gouvernement qui voulait encaserner la France ».

La discussion sur les modifications à la loi militaire de 1832 commença au milieu de décembre 1867.

L'opposition républicaine et l'opposition royaliste ne furent pas calmées par le retrait du projet de loi Niel.

C'est Jules Simon qui parut le plus acharné et qui conduisit, semble-t-il, ses amis à l'assaut du Gouvernement ; car l'opposition eut surtout un caractère politique.

A la séance du 16 décembre, il affirmait que l'Allemagne complètement unie serait plus pacifique que la Prusse.

Je ne vois pas, disait-il, que la Prusse ait intérêt à faire la guerre à la France, parce qu'elle a les yeux sur le Midi de l'Allemagne et qu'elle a chez elle à lutter et à s'organiser.

Je suis de ceux qui pensent que l'Allemagne, complètement unie, sera moins redoutable que la Confédération du Nord, soumise à l'hégémonie de la Prusse.

Je suis convaincu que, dans l'Allemagne complètement unifiée, vous trouveriez des sympathies qui, aujourd'hui, vous font défaut. Je compte sur les tendances démocratiques qui ne manqueront pas de se faire jour dans un Parlement allemand.

... Une armée nombreuse, en temps de paix, est inutile... Ce qu'il faut ce sont des armes! Des soldats, on en trouvera toujours pour s'en servir... Je crois que quand on a un canon, on trouve toujours un homme pour mettre le feu à la lumière!

Le *baron Jérôme David* lui répondit :

Puisque les autres nations renforcent leurs effectifs, un pays comme la France doit, sinon être à la tête du mouvement, du moins ne pas rester en arrière, et suivre l'exemple des autres puissances.

A la séance du 20 décembre, — quatre jours plus tard. — Jules Simon est encore à la tribune :

Je puis dire, s'écrie-t-il, que le premier projet avait pour but principal de demander une force armée de 1.200.000 hommes, divisés en trois corps à peu près égaux, ce qui entraînerait deux conséquences: d'abord on prenait la totalité de la classe, ce qui fut caractérisé par un mot qui, si je ne me trompe, est la cause principale de l'abandon du projet. On a dit de tous côtés: « Il n'y a plus de bons numéros. » Ce mot fit le tour de la France.

Une autre conséquence était que pour la première fois, depuis longtemps, l'impôt en hommes ne serait plus voté annuellement par le Corps législatif.

Ainsi, pour tous les pères de famille, cette douleur de n'avoir plus l'espérance de voir échapper leur enfant à la conscription, et pour le Corps législatif la perte de celle de ses prérogatives à laquelle il doit le plus tenir.

A la séance du 24 décembre, Jules Simon déposa un contre-projet signé de plusieurs de ses collègues par lequel tous les citoyens français seraient éduqués en passant chaque année un certain temps à l'instruction militaire.

Nous voulons, dit-il, une armée de citoyens qui soit invincible chez elle et hors d'état de porter la guerre au dehors.

M. Garnier-Pagès. — Le militarisme est la plaie de l'époque!

M. le baron de Vast-Vimeux. — Il n'y a pas d'armée sans esprit militaire!

M. Jules Simon. — Vous me faites l'honneur de me dire qu'il n'y a pas d'armée sans esprit militaire! S'il n'y a pas d'armée sans esprit militaire, je demande que nous ayons une armée qui n'en soit pas une!

M. Eugène Pelletan. — Pas d'armée prétorienne!

M. Jules Simon. — Oui, j'aimerais mieux une grande guerre que cette paix armée, que cette organisation qui a tous les inconvénients de la guerre...

... Je le déclare, la loi que vous demandez est la pire des lois...

... Si vous étiez venus nous dire: il faut faire la guerre, donnez-nous des hommes, eh bien, malgré vos fautes passées, nous en aurions subi les conquences.

Mais nous demander de ne pas faire la guerre, et nous demander toujours, en hommes et en argent, les sacrifices que la guerre exige!

... Tandis qu'au moins la guerre est une chose qui passe vite, si triste qu'elle soit, elle laisse après elle une espérance.

... Nous vous demandons avec la dernière énergie qu'on adopte notre contre-projet car, avec lui, la France sera invincible chez elle, à l'abri de l'invasion; elle n'aura à craindre ni envahissements du dehors, ni prétoriens au dedans. Nous demandons que la nation soit armée tout entière, que l'armée permanente soit à jamais supprimée.

A la même séance, le *maréchal Niel*, ministre de la guerre, fit avec chaleur le procès de la levée en masse :

L'éducation militaire, dit-il, est un des principes sans lesquels il n'y a pas de victoire possible, sans lesquels les hommes ne peuvent consentir aux sacrifices qui leur sont demandés et sans lesquels ils ne peuvent résister aux fatigues qui leur sont imposées.

C'est *Jules Favre* qui lui répondit et conclut ainsi :

Messieurs, si vous voulez que l'Europe soit apaisée, repoussez le projet de loi, ou tout au moins, *renvoyez-le à la Commission pour qu'il ne soit pas dit en Europe que la Chambre ne se contente pas de vœux stériles pour la paix.*

Et pendant ce temps, l'on sait comment Bismarck préparait la guerre, « **sa** guerre ! »

A la séance du 21 décembre 1867, c'est M. *Maurice Richard* qui avait attaqué le projet :

Quel est donc le motif de tout cela? s'écriait-il. Quel est le fait considérable qui peut imposer au pays des charges si lourdes?

Oh! sans doute, s'il y avait un danger pour notre honneur, un danger pour notre sécurité, je serais prêt à accorder tout ce qui serait nécessaire et à me joindre à ceux qui défendraient le pays. Mais s'agit-il de cela ? Messieurs, l'Allemagne, est-ce qu'elle nous menace? En aucune façon!

En résumé, Messieurs, je voterai contre le projet de loi pour trois motifs:

D'abord, parce que je ne crois pas que le Corps législatif ait le droit de le voter sans avoir fait renouveler son mandat. Ensuite, parce qu'il charge outre mesure le pays dans le présent et qu'il compromet son avenir. Enfin, parce qu'il mène fatalement à une guerre qui, je le crois, aura les plus tristes résultats pour la civilisation, pour le progrès et pour nos libertés!

M. Stéphen Liégeard combattit l'état d'esprit d'une grande majorité de la population française et la mit en garde contre elle-même.

Il ne faut pas, s'écria-t-il, que l'exagération d'un louable sentiment de confiance en notre valeur personnelle, ou dans la fortune des combats nous aveugle au point de nous constituer vis-à-vis de nos adversaires dans un état d'infériorité numérique lorsque de toutes parts, l'exemple nous arrive, quand la vieille Europe, prise d'un soudain vertige, se rue avec fureur dans d'immenses préparatifs guerriers.

Pouvons-nous résister aux entraînements du courant sans abdiquer quelque chose de ce droit de légitime défense qui est le premier devoir d'une nation?

Pour ma part, je ne le pense pas.

M. le colonel Régnis rappela, de son côté, combien dans les dernières guerres du Ier Empire notamment furent importantes les pertes subies par les contingents nouvellement incorporés et quelle fut leur faiblesse. Alors que les troupes entraînées résistaient facilement aux efforts qui leur étaient demandés, les recrues, à peine exercées, étaient décimées par les fatigues et les maladies.

A la séance du lendemain, 22 décembre 1867, ce fut *M. Magnin* qui combattit le principe des armées permanentes :

Votre loi, dit-il, a évidemment pour but de constituer, sur une base encore plus large et plus étendue, l'armée permanente! Les armées permanentes, en théorie, sont jugées et condamnées. Le seul argument dont on se sert pour les soutenir est celui-ci : c'est un mal nécessaire!

Eh bien, Messieurs, ce que vous ne voulez pas au mois de décembre 1867, je n'ose pas dire que vous le voudrez dans un mois; mais certainement l'avenir appartiendra à la démocratie armée et non pas aux armées permanentes!...

... Oui, Messieurs, il n'y a que l'armement général du peuple, alors que nous serions menacés par l'étranger, qui pourrait le rejeter hors des frontières; l'histoire nous en offre des exemples.

Je repousse donc la loi parce qu'elle est une surcharge imposée à la population; je la repousse parce qu'elle est antidémocratique, antiégalitaire, et laissez-moi espérer que les mandataires du suffrage universel ne voteront pas un accroissement de charges aussi considérable!

C'est à la séance du 27 décembre 1867 que *M. Carnot* combattit le principe des armées permanentes « qui sont des troupes toujours prêtes pour la fantaisie du maître » et qu'il préconisa en quelque sorte l'institution des milices.

Voici son amendement à l'article 30 de la loi :

La durée du service dans l'armée active est réduite à un an pour les jeunes gens qui prouveront : 1° qu'ils ont reçu une instruction primaire complète; 2° qu'ils connaissent le maniement des armes et l'école du soldat.

Cet amendement était signé aussi par MM. Hénon et Jules Simon. Quant au discours de M. Carnot, il fut très applaudi par la gauche. Le voici à peu près *in extenso :*

... Dans notre opinion, l'armée devrait être considérée comme une école générale où chaque citoyen viendrait, à son tour, acquérir par la pratique, les qualités du soldat, en prévision des dangers qui peuvent menacer le pays.

Cet idéal n'est pas celui des hommes d'Etat qui dominent la politique;

mais il est dans l'esprit de l'Europe, il est conforme à ses tendances démocratiques, conforme à ses volontés pacifiques; il triomphera un jour de tous les obstacles, un jour peu éloigné, nous l'espérons (*Très bien, à gauche de l'orateur.*)

... Ceux qui proposent aujourd'hui l'armement national de la France pourraient bien être traités de rêveurs et voir ajourner leurs idées.

C'est dans cette appréhension que nous avons conçu notre amendement, comme un palliatif, et — car il ne faut rien dissimuler — comme un acheminement vers le but auquel nous aspirons: *une transformation de l'armée.*

Nous supposons donc le projet actuel adopté, ce qu'à Dieu ne plaise, **car ce serait un grand malheur pour le pays** (*Marques d'approbations à la gauche de l'orateur.*)

Notre amendement, en substance, accorderait une réduction de la durée du service aux jeunes conscrits qui se présenteraient devant le conseil de révision pourvus d'une instruction élémentaire et d'une instruction militaire jugées suffisantes. Ses conséquences seraient les suivantes:

Diminuer peu à peu le chiffre de l'armée permanente et augmenter d'autant le chiffre de la réserve; démocratiser et moraliser l'exonération en lui donnant une autre base que le rachat à prix d'argent; enfin, encourager l'instruction élémentaire et l'instruction militaire.

... De tous les sentiments capables de peupler nos écoles rurales, aucun, en effet, ne serait plus actif que l'espoir d'une réduction du service militaire...

... Si le mode d'encouragement que nous recommandons portait ses fruits, nul doute que les armées ne se formassent plus rapidement, car il ne faut pas seulement faire état des jeunes gens qui obtiendraient la récompense promise; il faut compter tous ceux qui, sans atteindre le but, s'en seraient assez rapprochés pour que le complément de leur apprentissage fut abrégé.

Ajoutons-y — et c'est peut-être ce qui me touche le plus — les jeunes gens favorisés par le tirage, qui, dans l'incertitude de leur sort, se seraient ménagé ce moyen d'exemption.

Tous, bientôt, je l'espère, **nous verrions alors une France telle qu'on doit la rêver, capable de se lever tout armée au jour du péril national** (*Très bien, à gauche de l'orateur.*)

... Et pourquoi ne pas admettre tout soldat, **à quelque époque que ce soit de son engagement,** à subir l'épreuve que nous demandons pour entrer dans la réserve ou au moins **pour obtenir un congé illimité?** A l'état de congé illimité, un simple appel suffirait pour faire rentrer les soldats sous les drapeaux.

... Les écoles régimentaires prendraient alors une grande extension...

.... Il y a, en Europe, un petit peuple qui produit de bons citoyens et de bons soldats: le Danemark... Je possède un rapport du directeur des études de l'école régimentaire de Copenhague, M. d'Abrahamson. Il s'exprime ainsi : « *Le but principal de l'éducation des soldats, c'est l'éducation du peuple, car la masse des hommes faits passe dans l'armée et l'influence que l'éducation militaire produit sur les campagnes est extraordinaire.* »

Ne trouverait-on pas là l'indication d'une réforme intéressante et sérieuse. De telle sorte que, même quand ils seront à la caserne, les soldats travailleront moins à leur éducation militaire qu'à celle de citoyen!

Avant de quitter le Danemark, qui mériterait d'être cité souvent — continue M. Carnot, — laissez-moi rappeler quelques dispositions en usage dans ce pays, constitué militairement d'une manière très forte; il l'a prouvé, même dans ses malheurs. Le tirage n'a lieu qu'à 22 ans, et, en temps de paix, on obtient de ne commencer son service qu'à 25 ans, facilité accordée à l'achèvement de *toutes* les études.

Les conscrits, d'ailleurs, avant d'appartenir à aucun régiment, apprennent l'exercice pendant *trois mois,* sans porter l'uniforme et sans habiter la caserne. Au sortir de cette école préparatoire, ils sont incorporés; mais, en temps de paix, on ne les retient pas plus d'une année au service actif, après laquelle ils entrent dans la réserve sans cesser d'appartenir à leurs régiments...

Je me hâte de revenir à notre amendement. La pratique en serait bien simple: les conscrits passeraient devant le jury d'examen chargé de constater s'ils possèdent l'instruction primaire et l'instruction militaire. En cas d'affirmative, leur contrat d'enrôlement serait réduit. De combien de temps serait-il réduit ? **Selons-nous, de plusieurs années.** Les jeunes gens ainsi préparés compléteraient vite leur apprentissage et ils sauraient bientôt s'approprier à toutes les exigences de la vie de soldat. Mais personne ne devrait entrer dans la réserve sans avoir fait cet apprentissage. Disons bien toute notre pensée : nous n'admettons la dispense complète **nulle part**; nous voudrions y substituer de **larges réductions** dans la durée du service en faveur des jeunes gens qui économiseraient à l'Etat les frais de leur apprentissage et cela ne serait que justice.

...Nous voudrions qu'en France, comme il sied à un pays d'égalité, la réduction fût accessible à tout le monde, et assurer à ceux-là mêmes qui n'auraient pas pu l'obtenir, toutes les facilités de s'exercer dans les professions qui sont compatibles avec les devoirs du soldat. L'apprentissage militaire — nécessité de précautions seulement — ne doit pas se faire aux dépens de tous les autres apprentissages. Il convient donc que les jeunes soldats ne soient que temporairement éloignés de leurs foyers.

Ne brisons pas non plus si légèrement les liens de famille. Les brisements ne sont rien en temps de guerre nationale, parce que l'élan du patriotisme fait tout oublier; mais ils sont beaucoup en temps ordinaires. La médecine vous dira que les maladies occasionnées par le dépaysement des conscrits pendant leur première année surtout, amènent des pertes nombreuses dont l'intérêt public doit se préoccuper autant que l'humanité.

On obvie à tout cela en Prusse par le caractère régional des divisions militaires. Les régiments tiennent généralement garnison dans le centre où ils ont été recrutés. Les familles se trouvent bien de ces arrangements, le budget de l'Etat ne s'en trouve pas mal et il convient aux habitudes municipales du pays...

... Ce qui doit préoccuper les âmes élevées, c'est le désir de préparer aux nations un avenir pacifique en organisant les armées exclusivement pour la défense, en les rendant, par leur caractère et par leur constitution, **impropres aux guerres de conquête et d'ambition.**

Eh bien! je ne crois pas étonner, par une apparente contradiction, des esprits accoutumés à réfléchir sur ces matières, en disant que le but serait atteint si l'on parvenait à **généraliser**, à **universaliser l'apprentissage militaire.** Lorsque tout le monde est en mesure de porter les armes, il n'y a de soldats de profession que les soldats de vocation... (*Très bien, à la gauche de l'orateur*) ...mais ce serait assez, dans un pays comme le nôtre, pour entretenir les cadres et un noyau d'instructeurs qui ne fût pas absorbé par les contingents annuels.

L'apprentissage militaire universalisé, voilà donc le problème. Par quelles mesures pourrait-on favoriser sa solution ?

La première de toutes, à notre sens, devrait être l'introduction, dans tous les établissements scolaires, d'exercices gymnastiques propres à contrebalancer les inconvénients du travail sédentaire, à donner de la force au corps, de l'adresse aux membres et de la justesse au coup d'œil; trois conditions du courage, plus essentielles qu'on ne le suppose.

Les exercices, gradués, selon l'âge, se compléteraient par le maniement des armes...

... Une ébauche de ce système fut essayée en 1848, trop peu de temps pour qu'il en soit question.

Depuis cette époque, il s'est produit une invention qui en rendrait l'application plus facile; c'est ce qu'on a appelé le demi-temps d'école, que tout le monde ici doit connaître. L'ingénieux anglais qui a mis en crédit cette idée, M. Chadwyk, ne songeait d'abord qu'à soustraire les jeunes ouvriers aux excès du travail dans les manufactures. Mais il a parfaitement établi que, sans ajouter une heure aux heures destinées à leur éducation, sans fatigue, et au grand bénéfice de leur développement physique et moral, les adolescents peuvent être formés à tous les exercices militaires.

M. Garnier-Pagès. — C'est vrai! c'est très vrai!

M. Carnot. — M. Chadwyk raconte, dans un mémoire accueilli récemment à l'Institut, que des conscrits élevés dans certaines écoles anglaises, où ils avaient reçu cette préparation, se sont montrés dès leur arrivée aux régiments et aux navires, tellement supérieurs à d'anciens matelots et soldats, qu'on les prenait pour des déserteurs.

M. Garnier-Pagès. — C'est évident. L'éducation militaire, voilà ce qu'il faut.

M. Carnot. — Voilà donc nos jeunes gens sortant des écoles ou des collèges, aussi avancés, au moins, que le sont la plupart des conscrits après une année de service. Que faudrait-il de plus? Il faudrait que cette instruction se continuât et se développât pendant les années suivantes, jusqu'à l'âge du recrutement. Eh bien! c'est précisément là ce qu'on obtiendrait par une promesse de réduction dans la durée de service. La perspective de passer plus tôt dans la réserve déterminerait un grand empressement à s'approprier les connaissances exigées pour mériter cet avantage. Il suffirait que l'Etat entretînt dans les chefs-lieux de cantons et de communes, un certain nombre de soldats émérites pour y servir d'instructeurs aux disciples volontaires. Ceux-ci ne manqueraient pas. Vous les verriez se grouper en pelotons, en compagnies, en bataillons, se former aux exercices, aux marches, au tir surtout et à l'équitation, dans les départements où le cheval est en faveur.

Essayez donc de faire appel à l'initiative individuelle; on ne saurait trop la provoquer en France pour combattre la disposition où nous sommes d'attendre tout de l'Etat.

Je n'en fais pas un reproche à notre caractère national, mais à nos longues habitudes du régime monarchique. On a trop gouverné les Français. La théorie des longs noviciats militaires a ses partisans; mais elle a aussi des adversaires parmi les hommes du métier. Ceux qui ne sont pas du métier ont bien le droit de choisir entre ces opinions. D'ailleurs, il convient de rappeler encore une fois nos grands enrôlements populaires. On en a parlé, mais en négligeant quelques dates et quelques faits; permettez-moi de les rétablir, ne fût-ce que par respect pour l'histoire (*Parlez! parlez!*)

On a dit, il est vrai, que sur les champs de bataille de Valmy et de Jemmapes, les premiers volontaires, ceux de 1792, n'avaient pas fait merveille, pour employer un terme maintenant consacré. En effet, la gloire de ces journées appartient à l'armée régulière et ce n'est pas nous qui voudrions diminuer la gloire des armées françaises. Mais la Révolution a vu des enrôlements plus importants que celui de 1792: la levée de 300.000 hommes est du mois de mars 1793. La grande réquisition est du mois d'août. Ces époques ne sont pas éloignées de deux grands faits d'armes qui sauvèrent la République: le déblocus de Dunkerque et le déblocus de Maubeuge.

Eh bien! voulez-vous savoir quel fut, dans ces occasions, le rôle des nouveaux venus dont on a tant déprécié les services à cette tribune? Interrogez le général Jomini, l'historien même sur lequel vous vous appuyez, voici ce qu'il vous répondra:

Dès la fin d'août, les effets de la nouvelle levée se firent sentir; le déblocus de Dunkerque et celui de Maubeuge en furent les premiers résultats et la grande réquisition acheva de nous assurer la supériorité.

Nous sommes donc fondés à dire: en moins de temps qu'il n'en faut d'ordinaire pour instruire des recrues, nos jeunes soldats, sous le feu de l'ennemi, ont appris à le vaincre. Je n'ignore pas qu'au premier moment leur inexpérience causa de l'embarras aux généraux et de l'inquiétude aux représentants du peuple..., mais l'expérience ne fut pas longue; c'est Jomini qui vient de vous le dire.

Oui, les soldats de profession se battent bien; mais ils ne sont pas les seuls, et Jourdan parlait des conscrits si nombreux de son armée, quand il s'écriait après la bataille de Watignies: C'étaient autant de héros!

Quant à la discipline, nous invoquerons une autre autorité qui n'est pas suspecte de partialité en faveur de la Révolution: c'est celle du marquis de Bouillé, un des principaux chefs de l'émigration. Il écrit dans ses *Mémoires*: « Jamais il n'y a eu plus de discipline que dans les armées de la République où figuraient tant de nouveaux enrôlés. »

L'enthousiasme révolutionnaire et la foi en une juste cause contribuèrent certainement beaucoup à ces résultats, je le reconnais volontiers. Montesquieu a dit et Danton a répété: « Un peuple en révolution ne se laisse pas conquérir; il serait plutôt capable de conquérir les autres ». Nous n'en demandons pas tant!..

... Mais il n'est pas indispensable d'être en Révolution pour savoir combattre, et si la France de cette époque put mettre sur pied un million d'hommes sur 25 ou 26 millions d'habitants et quand la guerre civile troublait la moitié de ses départements, ne ferait-elle pas davantage, aujourd'hui, avec 12 millions d'habitants de plus et un recrutement qui s'opère sans obstacle? **Je ne crains donc rien pour mon pays...**

... Puisque mon amendement, s'il était adopté dans son principe, devrait avoir pour conséquence prochaine la diminution et, pour conséquence définitive, la suppression des armées permanentes, il me sera permis de dire un mot sur les dangers que présente l'existence de ces armées dans tout pays où le chef du pouvoir exécutif a le terrible droit d'entraîner un peuple entier dans les calamités de la guerre *(Très bien, très bien, à gauche de l'orateur.)*

... La seule présence d'une armée permanente tend à énerver la nation en l'accoutumant à cette pensée qu'elle n'a pas besoin de compter sur elle-même pour protéger son honneur et ses intérêts. Elle tend à pervertir les chefs des Etats en donnant libre essor à leurs ambitions et à leurs mérites. C'est la foudre souvent dans les mains d'un enfant ou d'un insensé. Sans des armées toujours disponibles, on ne s'expliquerait pas l'accomplissement de certaines entreprises, indifférentes pour le moins aux sentiments des peuples qu'elles ruinent...

Frédéric II, au moment d'entreprendre une guerre qui allait ébranler l'Europe, disait sans façon à ses officiers qu'il était bien aise de lire son nom dans les gazettes et, plus tard, dans l'histoire. On ne se gênait pas alors, on ne prenait pas la peine de couvrir de grandes folies sous de grands mots: une fantaisie royale se justifiait d'elle-même!

Aussi Frédéric II, écrivant ses *Mémoires*, ne songea-t-il pas à excuser son propos de jeune homme. Au contraire, après avoir énuméré les motifs qui lui avaient fait convoiter la Silésie, il ajoute avec franchise (je dirais avec naïveté, s'il ne s'agissait pas d'un tel personnage), écoutez: « Des troupes toujours prêtes d'agir, mon épargne bien remplie et la vivacité de mon caractère, c'étaient les raisons que j'avais pour faire la guerre à Marie-Thérèse ».

Voilà, Messieurs, la moralité des armées permanentes et la moralité du gouvernement personnel: Des troupes toujours prêtes, et la fantaisie du maître! *(Approbations à la gauche de l'orateur.)*

Comme on sent bien que ces derniers traits décochés au Gouvernement impérial ont la raison politique pour origine!

Nous avons reproduit la plus grande partie du discours de M. Carnot pour bien montrer quel a pu être l'aveuglement même du fils de « *l'organisateur de la victoire* », — un grand esprit et un grand cœur, — dont le nom est synonyme de patriotisme. Combien a-t-il dû regretter son discours du 26 décembre 1867 après nos défaites! Si un homme comme Carnot a pu se tromper si gravement en niant le danger allemand et en préconisant l'organisation des milices, comment nos parlementaires actuels auraient-ils la prétention de ne pas se tromper? Du reste, les événements quotidiens leur prouvent de plus en plus qu'ils ont tort de croire aux intentions pacifiques de nos voisins. Au moment où d'aucuns nient la possibilité de « l'attaque brusquée » de l'Allemagne, le discours du ministre de la guerre, le général de Heeringen, leur donne le plus formel démenti:

Si dans l'avenir, a-t-il dit, nous étions forcés, à notre corps défendant, de tirer le glaive, devrions-nous attendre tranquillement que l'ennemi arrive jusqu'à nos frontières et qu'il pénètre sur notre sol?... Le Ministère de la Guerre doit rester fidèle à son principe, qui est celui-ci: **La meilleure des parades consiste à porter des coups droits. La meilleure parade, c'est l'attaque; la meilleure couverture, c'est l'offensive.**

Comme on comprend l'intervention émue de M. André Lefèvre à la séance du 12 juin 1913 quand il s'écria :

En matière de sécurité nationale, quand on fait des hypothèses, elles doivent être pessimistes et non optimistes!

Un Membre à gauche. — Elles ne doivent être ni pessimistes, ni optimistes.

M. André Lefèvre. — J'entends dire qu'elles ne doivent être ni pessimistes, ni optimistes. J'admire ceux qui ont assez confiance en eux pour pouvoir poser des hypothèses, dire que l'adversaire ira là et pas plus loin. **Je les admire pour leur science et je les plains pour la responsabilité qu'ils prennent** (*Vifs applaudissements à gauche, au centre et à droite.*)

Que ceux qui ont ainsi confiance en eux se rappellent les fautes commises par leurs prédécesseurs de 1867, et comment, par leur aveuglement ou leur prétention, ils ont causé la défaite, la ruine et l'invasion de notre pays!

« Si tu me trompes une fois, je suis à plaindre;

« Si tu me trompes deux fois, je suis à blâmer, je suis coupable et je suis un imbécile! »

Quoi qu'il en soit, malgré le discours de Carnot, l'opposition à la fin de décembre, n'avait pu obtenir ni le retrait ni le renvoi à la Commission du dernier projet de réorganisation militaire. Le principe en était admis ; il ne restait plus qu'à en voter les différents articles.

Cependant, à la séance du 1er janvier 1868, *Thiers* combat encore le projet :

Les craintes du gouvernement, dit-il, sont exagérées. On vous présentait, l'autre jour, des chiffres de 1.200.000, de 1.500.000 hommes comme étant ceux que les différentes puissances de l'Europe pouvaient mettre sur pied; on vous parlait même de 900.000 hommes pour l'Italie. Eh bien, ces chiffres sont parfaitement chimériques!

Sans doute, il y a une funeste impulsion vers les armements exagérés, mais il ne faut pas cependant présenter comme réels des chiffres qui sont tout à fait chimériques!

Le 14 janvier 1868, le projet fut adopté par le Corps législatif, — 60 députés, — les républicains et les royalistes, en général, restèrent *contre*. D'aucuns prétendent, il est vrai, qu'il aurait mieux valu ne rien voter que de voter les modifications à la loi de 1832.

La loi nouvelle, en effet, manquait d'efficacité comme *M. le baron Brenier* l'établit à la séance du Sénat du 28 janvier 1868.

D'après l'ancienne loi, dit-il, on calculait que les contingents fournissaient, en sept années, 413.000 hommes.

D'après la nouvelle, ils n'en donneront plus que 375.000, selon le rapport de la Commission, lequel nous déclare que, toute défalcation faite... l'armée ne comptera plus que 300.000 combattants, prêts à entrer en campagne, en attendant les appels de la réserve, et au cas d'extrême nécessité, de la garde nationale mobile.

La réserve, en admettant qu'on ne l'appelât qu'au bout de cinq ans, donnerait au plus 240.000 hommes.

Le projet de loi adopté donnait à la France une armée de choc de 550.000 combattants au lieu des 850.000 du projet primitif; le contingent de la garde nationale restant sensiblement le même.

Et encore, le projet avait été péniblement voté. Les amendements avaient été multipliés pour décourager le Gouvernement et faire traîner la discussion en longueur. Il y eut des amendements déposés par MM. Dein, Morin, Jules Favre, Jules Simon, Pelletan, Picard, Garnier-Pagès, Glais-Bizoin, Magnin, marquis d'Andelarre, Millon, Girot, Pouzol, avec comme objectif général la réduction de l'armée active à la disposition du pouvoir exécutif.

Si le projet primitif de l'Empereur et du maréchal Niel avait été voté, nous aurions eu 300.000 hommes de plus en 1870, lors du premier choc des armées belligérantes, et 300.000 hommes de plus, prêts à combattre, c'était vraisemblablement la victoire !

À Wissembourg, huit bataillons tiennent pendant 7 heures en échec un corps d'armée allemand ; à Frœschviller, à Forbach, à Mars-la-Tour, plus tard à Patay, nos soldats ont d'abord la victoire, puis ils sont écrasés par le nombre. Il n'est pas un seul républicain pourtant qui ne souscrive aux paroles d'Armand Barbès : « Si ça devait finir par l'invasion, j'aimerais encore mieux vingt ans d'Empire ! »

Parlementaires de tous les partis, élevez vos cœurs, sauvez la France d'abord ; nous verrons le reste ensuite ! Mettez-nous à l'abri d'une invasion et dans l'état de vaincre en cas d'attaque brusquée. Pour vivre, la France ne regrettera pas les sacrifices même s'ils sont inutiles !

III

Conclusions.

Bismarck avait savamment préparé la guerre et il n'avait, pour ainsi dire, rencontré aucune opposition, ni en Prusse, ni en Allemagne. Aussi, chercha-t-il, depuis qu'il était prêt, l'occasion de nous anéantir : la France seule étant encore assez forte pour contrecarrer ses projets et ses ambitions.

A Biarritz, il avait promis des compensations à Napoléon III, — ce qu'il appela plus tard insolemment « des pourboires », — et la France était restée neutre pendant la guerre des Duchés et pendant la guerre austro-prussienne. Quand l'Empereur lui rappela ses promesses au sujet de la rive gauche du Rhin, — de Lauterbourg à Mayence, — Bismarck se montra inflexible et menaçant. Napoléon III lui ayant posé ce dilemme : « *Mayence ou la guerre* », il répondit : « *Ce sera la guerre* » et il fit publier, par son *Officine de Presse* de violents articles contre « *l'ennemi héréditaire* ». Napoléon recula.

En 1867, c'est au sujet du grand duché de Luxembourg que Bismarck chercha la guerre. Napoléon III avait résolu d'acheter, au prix de 90 millions, le grand duché de Luxembourg qui appartenait au roi de Hollande. Au moment où le marché allait être conclu, Bismarck sonna l'alarme en Allemagne contre l'ambition française et il notifia son opposition formelle au roi de Hollande, sous prétexte que le Luxembourg avait fait partie autrefois de la *Confédération germanique*, laquelle, du reste, n'existait plus.

C'était encore la guerre ; Napoléon recula parce qu'il n'était pas prêt. Le Parlement refusait alors de voter le projet primitif de la loi Niel. Et une preuve de l'aveuglement des Parlementaires français se trouve dans cette constatation de M. Darimon, l'un des *cinq* qui écrit le 6 avril :

« *Les esprits sont mécontents de l'attitude conciliante que nous avons prise en face de la Prusse triomphante. Je crois qu'en ce moment,* **une déclaration de guerre serait favorablement accueillie.** » Et un mois plus tard, il revenait en ces termes sur le même sujet : **« La guerre, si elle était provoquée par le Gouvernement, serait votée par acclamation. »**

Ainsi l'opposition poussait l'Empereur à la guerre contre la Prusse, armée jusqu'aux dents, et elle refusait de voter la loi Niel !

Nous la retrouvons, du reste, dans le même esprit quand Bismarck eut enfin réussi — par la falsification de la dépêche d'Ems — à ne pas laisser échapper *sa* guerre. Bismarck a écrit à ce sujet, dans ses *Mémoires,* ce qu'il pensait de sa provocation : « *Elle allait tomber, je le savais, sur une opinion affolée.* »

En effet, la foule poussait le cri : à Berlin ! et les rodomontades de la presse répondaient aux fanfaronnades de la rue. Les législateurs n'étaient pas plus sages et ce sont eux qui inspiraient la Presse, laquelle demandait la guerre. On peut voir à ce sujet les numéros du 13 juillet et jours suivants du *Gaulois,* de l'*Univers,* de l'*Opinion nationale,* du *Journal de Paris,* de *Paris-Journal,* du *National,* etc., etc...

Après la dépêche d'Ems, le Corps Législatif fut consulté au sujet de la déclaration de la guerre et, sur 257 députés, 247 votèrent *pour* et 10 *contre.* Jules Ferry, Jules Simon, Gambetta, Magnin, Ernest Picard, Wilson, de Kératry, etc., etc., votèrent *pour.*

Le 28 juillet, Napoléon III partit à la frontière et, le 9 août, le ministère fut renversé. C'est alors que la majorité fut en quelque sorte désemparée et que l'opposition républicaine put commander. Un de ses premiers actes, — il est regrettable de le constater, — **fut d'imposer Bazaine comme chef suprême de l'armée.** Jules Favre et Ernest Picard firent une démarche pressante auprès du nouveau ministère et, le 13 août 1870, Bazaine fut nommé « *Commandant supérieur de tous les corps d'armée* » ; « ses ordres devaient être exécutés même contre la volonté de l'Empereur ». Le lendemain, le journal *Le Siècle* appelait Bazaine **« le sauveur ».**

Nous ne rappelons, du reste, ces événements que pour souligner l'affolement et les erreurs de ceux qui avaient la prétention de dominer les faits et d'arrêter l'action formidable de l'armée allemande avec leurs conceptions imaginaires sur la valeur exceptionnelle de nos troupes et de leurs chefs. C'est encore par cette fausse conception du patriotisme que, plus tard, l'*Electeur libre* écrivait : **« La conquête de nos libertés vaut bien la perte de deux provinces ! »**

Mais ne parlons plus du passé et songeons au présent et à l'avenir.

*
* *

Est-il un Français qui voudrait, par sa faute, exposer son pays à la défaite, à l'invasion et à la ruine ? Non, assurément.

Dès lors, que ceux qui ont entre leurs mains l'avenir du pays prennent vite de sages et viriles résolutions.

Le *Reichstag* vient de voter, le 14 juin 1913, en seconde lecture, à une énorme majorité, l'article 1er de la loi militaire ainsi conçu :

Les lois du 27 mars 1911 et du 24 juin 1912 sur les effectifs de présence en temps de paix dans l'armée allemande, seront modifiées comme suit: inscrire dans l'alinéa 1er, au lieu du chiffre 544.211, le chiffre 659.563.

C'est une augmentation de plus de **20 0/0** de l'effectif de l'armée allemande et une autorisation de dépenses nouvelles s'élevant à environ **deux milliards** de francs.

Le même jour, 14 juin 1913, la Commission du Reichstag a accepté le projet de loi élevant le trésor de guerre de 150 à **450 millions de francs.**

Certes, ces mesures ne doivent pas entraîner forcément la guerre contre la France et le discours de M. Kaempf, président du Reichstag, à l'occasion du jubilé du Kaiser, nous rassure même à ce sujet :

L'Empereur, a-t-il dit, savait que ses goûts militaires pouvaient éveiller certaines inquiétudes. Il a dit lui-même qu'il n'ignorait pas qu'on lui attribuait des pensées belliqueuses et des désirs de gloire. Dès ce moment, il a repoussé avec indignation ces soupçons. Depuis, on a vu que ces inquiétudes n'avaient aucune raison d'être. Lui qui avait en main *le plus puissant des instruments de guerre,* il l'a utilisé non pour conquérir des lauriers sanglants, mais pour assurer la paix au monde.

Nous vivons dans un temps de graves conflits. Nous avons tous pourtant l'inébranlable conviction que l'empereur restera ce qu'il était et ce qu'il est encore, c'est-à-dire le prince pacifique qui ne tirerait l'épée **que pour défendre les intérêts vitaux du peuple allemand.**

Oui, mais quels sont « les intérêts vitaux du peuple allemand » ? La formule est vague. Pouvons-nous oublier, nous, Français, le voyage du Kaiser à Tanger, la démission forcée de M. Delcassé ; pouvons-nous oublier Algésiras, Casablanca et Agadir ? Pouvons-nous oublier que l'Allemagne nous a menacés de la guerre si nous ne consentions pas, avant de conquérir le Maroc, à lui céder le Congo ? Le Kaiser parle trop souvent de son épée aiguisée et de sa poudre sèche pour que nous soyons tranquilles sur l'avenir.

Bismarck cherchait à nous imposer *sa guerre ;* qui peut nous assurer que Guillaume II ne veut pas nous imposer la sienne ? C'est, du reste, dans la méthode allemande, comme le montre clairement M. Clemenceau dans l'*Homme libre* du 14 juin 1913, dans un article intitulé : « *Des deux côtés.* »

Les Allemands, écrit-il, sont des civilisés au même titre que nous-mêmes ; mais des événements que nul ne peut changer leur ont ancré au plus profond de la tête et du cœur, les idées, les sentiments de l'homme qui se croit en possession de l'argument suprême : *le droit du plus fort...*

... Bismarck nous a trouvés un jour à sa merci, comme il avait eu Vienne précédemment, et la mauvaise pensée lui est venue pour nous rendre à jamais incapables d'un retour de puissance, de nous blesser, de nous mutiler irréparablement. De l'Autriche épargnée, il se fit, de bon ou de mauvais gré, une amie. De la France, sa pensée fut de l'écarter à jamais de toute rivalité possible en la laissant pantelante sur le champ de bataille, démembrée, ruinée, saignée à blanc, incapable semblait-il de rappeler une force de vie. Et cela est si vrai qu'à cinq ans de là, ayant cru reconnaître à nos premiers gestes de redressements, que nous pourrions nous retrouver debout quelque jour, il fallut ce qui restait d'Europe pour l'empêcher de se jeter sur nous et de nous achever. Enfin le pis fut que toute l'Allemagne, *follement énivrée de sa victoire,* fit siens les sentiments de Bismarck, croyant qu'il suffisait d'imposer silence aux appels de la générosité la plus vulgaire pour s'emparer de l'*empire du monde...*

Il est certain que les sentiments du peuple allemand n'ont pas changé depuis à notre égard et que le Kaiser, si pacifique qu'il soit, peut un jour ou l'autre, être obligé de céder sous la poussée de l'opinion publique « follement enivrée » encore de sa victoire de 1870-71.

En finir, en finir, continue M. Clemenceau, c'est l'obsession de la pensée du peuple allemand. En quelque forme que l'aveu lui en échappe, l'Allemagne n'a qu'une pensée: en finir avec nous, c'est-à-dire nous réduire à un tel état d'abaissement qu'elle puisse... procéder aux conquêtes nouvelles qui lui donneront l'hégémonie européenne...

... Enfin, le kaiser, le César allemand, dont la fonction supérieure est d'ordonner les forces destructives du cyclone en préparation et qui y réussit d'autant mieux que tout l'esprit de son peuple conspire à servir ses desseins à ciel ouvert...

... Tous ces gens ont la psychologie de l'homme suranné qui ne peut faire un geste sans que retentisse sa ferraille, et qui, se croyant le plus fort, aspire, pour se légitimer lui-même, à faire la démonstration de la supériorité de ses moyens aux dépens de qui il appartiendra.

S'il en est ainsi, comme l'atteste l'histoire des quarante dernières années, à quoi bon s'arrêter aux astucieux sophismes d'un M. Erzberger affirmant en toute impudence au Reichstag que c'est le vaincu qui a commencé... N'est-ce pas au moment précis où notre force de résistance paraissait décroître que l'Allemagne, toujours pour « en finir », s'est lancée dans l'aventure du surarmement colossal que nous voyons se développer aujourd'hui?

Contre un peuple roulant en avalanche sur la terrible pente, que peuvent quelques voix prêchant dans le désert?... Aussi quel tonnerre d'applaudissements quand le ministre de la guerre annonce que « *la meilleure couverture est l'offensive.* » Tout le monde a compris. Tout le monde sent à l'unisson, et le désarroi de la pseudo opposition ne fait qu'accentuer l'élan irrésistible de tout un peuple enivré de la puissance du fer.

Voilà, en effet, le danger, le vrai danger, celui qui éclate aux yeux de tous ceux qui veulent regarder sans aucun parti-pris !

Et, conclut M. Clemenceau, lorsque l'Allemagne, dans sa cynique candeur, clame de tous côtés que ses voisins lui font offense en se préparant à résister aux agressions que ses surarmements dénoncent, quand **il se fait à nos frontières un rassemblement de soldats tel que le monde n'en vit jamais**, savez-vous ce que fait la majorité républicaine? Elle se présente au vote en ordre dispersé. Chacun apporte au secours de la patrie menacée... **sa théorie militaire** sur laquelle il ne reste plus qu'à faire l'unanimité. On discute sur des jours et des semaines pour faire cadrer la victoire avec le moins de dérangement possible pour les Français. Les intentions sont bonnes. Il n'y manque que le sentiment des nécessités de l'action.

J'ai dit moi-même qu'il fallait procéder à de grandes réformes, moins de notre organisation que de notre activité militaire. Mais je demande qu'on aille d'abord au plus pressé. **Et le plus pressé c'est de ne pas permettre au ministre allemand de la guerre de mettre en pratique sa théorie de l'offensive éperdue.**

M. Clemenceau a raison : **il faut qu'on aille d'abord au plus pressé.** Que les Parlementaires n'assument pas la responsabilité effroyable de leurs prédécesseurs en 1867 et qu'**ils votent ce que leur demande le Gouvernement !** Toutefois, comme le maintien de la classe sous les drapeaux a froissé les légitimes intérêts des jeunes gens qui sont entrés au régiment sur la foi d'une loi qui constitue un contrat avec eux, — afin de les renvoyer plus tôt dans leurs foyers, — deux classes seront appelées sous les drapeaux en 1913. Désormais, les jeunes soldats partiront à 20 ans, comme en Allemagne, et il y aura constamment trois classes sous les drapeaux.

Il doit être bien entendu que la loi de trois ans ne sera considérée que comme un remède exceptionnel à une situation exceptionnelle et que, dès le lendemain de son vote, le Parlement se mettra à l'œuvre pour réaliser « les grandes réformes de notre organisation et de notre activité militaires », en conciliant les besoins de notre armée avec les nécessités de la vie nationale.

Mais que les républicains ne perdent plus de temps dans les oiseuses discussions : **qu'ils courent au plus pressé, qu'ils parent le danger qui nous menace !**

Si nous étions encore vaincus, ce serait sûrement la mort de la République et peut-être la mort de la France !

HAUT LES CŒURS !

Paris, 54, avenue Ledru-Rollin, le 14 juin 1913.

Pour le Comité de **La République populaire :**

Le Président,
Ch.-A. PÉCHIN.

Le Secrétaire général,
A. ANDRÉ.

NIORT. — IMP. TH. MARTIN